Jan Flieger

Mutgeschichten

EDITION
BÜCHERBÄR

Dieses Buch gehört

In neuer Rechtschreibung

4. Auflage 2001
© Edition Bücherbär im Arena Verlag GmbH, Würzburg 2000
Einband und Illustrationen: Annette Fienieg
Gesamtherstellung: Westermann Druck Zwickau GmbH
ISBN 3-401-07848-8

Inhalt

Gerettet!   8

Das Einhorn   16

Der Hexengarten   22

Magbule   29

Gerettet!

Hinter der Schule ist der Park.

Dort warten die anderen Kinder

der Tiger-Bande auf Michi.

„Endlich kommst du!", ruft Julia.

Alle mögen Michi.

Aber heute hat Michi

Sebastian mitgebracht.

Den können die anderen nicht leiden.

Sebastian ist sehr still

und außerdem der Klassenbeste.

„Der kann abschwirren",
sagt Niklas verächtlich.
„Streber brauchen wir nicht
in der Tiger-Bande".

Niklas ist der Anführer
der Tiger-Bande.
Er trainiert Judo im Sportverein.
Niklas kann sogar
den dicken Olli aus der vierten Klasse
ganz einfach über die Schulter werfen.
Echt stark!

Michi schüttelt den Kopf.
„Bist du vielleicht doof",
sagt er zu Niklas.

„Dann haut doch beide ab!",
ruft Niklas zornig.
Die anderen sagen nichts.

Michi zieht Sebastian fort.
Sie gehen an den Fluss.

Ein Stück weiter unten am Ufer
spielen zwei kleine Buben
im Matsch.

Die Tiger-Bande kommt auch.
Niklas, Julia, Philipp und die anderen.
Sie setzen sich ans Ufer
und werfen Steinchen ins Wasser.
Niklas wirft am weitesten.
Ganz klar!

Michi und Sebastian bauen gerade
einen Stausee,
da hören sie plötzlich Geschrei.
„Mama!", brüllt einer der kleinen Buben.
Er ist ins Wasser gefallen.
Der andere Junge steht am Ufer
und heult.

Michi und Sebastian
rennen schnell hin.
Jetzt haben auch
die anderen Kinder gesehen,
was los ist.

„Hilfe!", schreit der Kleine
und rudert wie verrückt
mit den Armen.

Der schafft es nicht
bis ans Ufer,
denkt Michi erschrocken.

„Mensch", schreit er,
„einer muss ins Wasser!"

Keiner traut sich.
Alle schauen auf Niklas.
Aber der scharrt auch nur
mit den Füßen im Sand.

Da platscht es.

Sebastian ist gesprungen!

Er schwimmt,

packt einen Stock

und streckt dem Kleinen

den Ast entgegen.

Der greift zu,

aber seine Finger rutschen ab.

Das nasse Holz

ist einfach zu glatt.

Endlich!

Der kleine Junge

hat den Stock erwischt.

Atemlos sehen die anderen,

wie Sebastian ihn ans Ufer zieht.

Dann hocken
die beiden nassen Jungen
schnaufend im Sand.
„Das war ganz toll von dir, Sebastian",
sagt Julia.

Plötzlich fragt Philipp:
„Wo ist denn Niklas?"
Alle sehen sich um.

Aber Niklas ist
nicht mehr da.

Das Einhorn

In der großen Pause
sind alle auf dem Schulhof.
Alle – außer Melanie.
Die Kinder dürfen
während der Pause
nicht im Gebäude bleiben.
Alle müssen nach draußen.

Aber Melanie möchte so gern
das Einhorn streicheln.
Das Einhorn ist aus Porzellan
und steht auf dem Lehrerpult.

16

Das Einhorn gehört
Frau Sander, der Lehrerin.
Sie hat es von ihrer Großmutter geerbt.
Es ist sehr wertvoll.

Heute wollen sie über
Märchen und Fabelwesen sprechen.
Deshalb hat Frau Sander
das Einhorn mitgebracht.

Vorsichtig nimmt Melanie
das Einhorn in die Hände.
Es ist so schön!

Da hört sie Schritte auf dem Flur.

Vor Schreck lässt Melanie
die Figur fallen.
Das Einhorn zerschellt auf dem Boden
in viele Stücke.

Melanie zittert.
Rasch läuft sie auf den Schulhof.
Nur weg!

Die Pause ist zu Ende.
Frau Sander kommt.
Fassungslos blickt sie
auf die Scherben.

„Wer ist das gewesen?",
fragt sie.

Ganz still ist es im Klassenzimmer.
Siebenundzwanzig Augenpaare
blicken die Lehrerin an.
Aber kein Finger hebt sich.

„Hannes", sagt Frau Sander,
„ich habe dich in der Pause
im Schulgebäude
gesehen."

„Ich war's nicht",
stößt Hannes
hervor.

Aber Hannes ist ein Tunichtgut.
Vor zwei Tagen erst
hat er die Fensterscheibe der 3. Klasse
beim Fussballspielen zertrümmert.

Die Lehrerin blickt zweifelnd.
Da beginnt Hannes zu weinen.

„Ich war's nicht, ganz ehrlich",
stammelt er wieder.

Melanie kaut nachdenklich
auf ihrer Unterlippe.

Hannes schluchzt immer noch.

Da hebt Melanie
zögernd den Finger.

Der Hexengarten

Der Garten ist groß
und die Bäume tragen Kirschen.
In ihrer Mitte steht
eine wacklige Laube.
Dort wohnt eine alte Frau
mit einem Schäferhund.

Die Kinder sagen:
„Sie ist eine Hexe
mit einem Killerhund."

Die Kinder stehen vor dem Zaun.
Die Kirschen leuchten rot.

Auf einmal sagt Tobi:
„Wer traut sich
in den Hexengarten
und pflückt Kirschen?
Der ist unser Boss!"

„In den Hexengarten rein?",
fragt erschrocken Marie.

Peter grübelt.
„Ich mach's", ruft er.

Am Zaun aber
zögert Peter lange.
Wenn der Hund kommt?
Wenn die Alte wirklich
eine Hexe ist?

Der Mut hat ihn verlassen.

24

Die Kinder kichern
hinter seinem Rücken.
„Angeber", rufen sie.

Da steigt Peter über den Zaun.
Und pflückt und isst.
Super, diese Hexenkirschen!
Und er ist nun der Boss!

Doch da hört Peter
lautes, wütendes Gebell.
Ein riesiger Hund
springt ihm entgegen.

Peter wird ganz steif
vor Schreck.
Die Hexe kommt!
Mit dem Killerhund!

„Hasso!", ruft die Alte.
Der Hund verharrt.

Doch was ist das?
Die Alte schmunzelt.
„Kannst ruhig essen.
Es sind so viele Kirschen."

Peter wird rot.
„Wirklich?", fragt er ungläubig.

Die Alte nickt: „Aber ja!"
Sie geht zum Gartentor
und macht es auf.
„Kommt Kirschen essen!",
ruft sie den Kindern zu.
Da stürmen sie alle
fröhlich hinein.

Peter denkt:

Sie ist gar keine Hexe.

Aber nur, weil ich mich getraut habe,

wissen wir es.

Magbule

Lena hat neue Nachbarn.
Sie kommen aus Albanien.
Ein Mädchen ist dabei.
Sie heißt Magbule.

Magbule spricht kaum Deutsch.
Sie lächelt nie.
Immer trägt sie
bunte Röcke und Kleider.
Sieht komisch aus, finden die Kinder.
Keiner will mit ihr spielen.

29

Lenas Eltern mögen
die neuen Nachbarn.
An einem Sonntag sind sie
bei Magbules Eltern eingeladen.
Lena muss auch mit.
Obwohl sie gar keine Lust hat.

Magbule sitzt auf einem Stuhl.
Sie bestickt ein Täschchen
mit bunten Perlen.

„Toll", stellt Lena fest.

Da lächelt Magbule.

Sie reicht Lena das Täschchen.

„Geschenk", sagt sie.

„Einfach so?", fragt Lena.

Magbule nickt.

Und Lena freut sich.

Am nächsten Tag
in der Hofpause
stehen sie zusammen:
Svenja, Moni, Ben,
Suse und Lena.

Lena sagt:
„Ich habe Geburtstag.
Ihr seid alle eingeladen."

„Klasse", sagt Svenja.
„Und wer kommt noch?"

„Der Peter",
sagt Lena. „Und Magbule."

Svenja tippt sich an die Stirn.
„Diese doofe Kuh!
Wenn die dabei ist,
komm ich bestimmt
nicht!"

Lena erschrickt.

Svenja ist der Klassenstar.

Jeder will mit ihr befreundet sein.

Moni schaut Svenja an.

„Ich komme dann auch nicht",

sagt sie rasch zu Lena.

Lena zuckt die Achseln.

„Wenn du meinst."

„Schön blöd bist du."
Svenja rümpft die Nase
und läuft mit Moni davon.

Ben und Suse blicken Lena an.
„Mach dir nichts draus!", sagen sie.
„Wir pfeifen auf Svenja."

Kleine Geschichten

Insa Bauer, **Rittergeschichten**

Hannelore Dierks, **Spukgeschichten**

Jan Flieger, **Mutgeschichten**

Sabine Jörg, **Schulklassengeschichten**

Ulrike Kaup, **Vampirgeschichten**

Ulrike Kaup, **Schulgeschichten**

Maria Seidemann, **Piratengeschichten**

Gerda Wagener, **Indianergeschichten**

Friederun Reichenstetter, **Schulhofgeschichten**

Ulrike Kaup, **Pferdegeschichten**

Mit Bücherbär am Bändchen!

**Jeder Band: 32 Seiten. Gebunden.
Durchgehend farbig illustriert.
Ab 6**